Christine Scharlipp
Blattwerk

Christine Scharlipp

geboren am 09.10.1964 in Warburg und aufgewachsen am Bodensee, befindet sich im täglichen Dialog mit ihren Texten. Diese wiederum sind im Gespräch mit ihrem Leben: Abitur, Lokaljournalismus, Studium, Ausbildung zur Restaurantfachfrau und zur Altenpflegerin. Glücklich zuhause angekommen im Oberbergischen Land schreibt die Autorin auf ihrer Homepage www.christinescharlipp.de über Texte und Textiles. Das Wirkliche kann ihrer Meinung nach mit Schlagworten nicht getroffen werden; kann allenfalls geschrieben werden als Gedicht.

Als Einbandbild für dieses Buch wurde das Foto einer Filzmatte verwendet, hergestellt von den Tuwa-Nomadinnen der Kunsthandwerkerinnen-Kooperative Tsengel im mongolischen Hohen Altai-Gebirge. Die Frauen fertigen aus der Wolle ihrer Schafe und Yaks Sitzmatten, Kleidung und die Hüllen ihrer Jurten. Sie nähen ihre Kleidung, den mongolischen Deel, häufig selbst und die Autorin erlebt ihre herzliche Gastfreundschaft während mehrerer Reisen in die Mongolei.

Blattwerk

Christine Scharlipp

Gedichte

Bibliografische Information der Deutschen
Bibliothek
Die Deutsche Bibliothek verzeichnet diese
Publikation in der Deutschen Nationalbibliografie;
detaillierte bibliografische Daten sind im Internet
über
http://dnb.ddb.de abrufbar.

Titelfoto: Christine Scharlipp
Layout: !zeichen.seTzung –
                        Uta Lösken, Reichshof
Herstellung und Verlag: BoD – Books on Demand,
                        Norderstedt

ISBN 9-783752-629347

Gruß an Thich Nhat Hanh

„Inter-Sein"

Du bist
die Schrift
und ich
das Blatt

Du bist
geschrieben
geblieben
in mir

Du bist
das Blatt
ich bin
die Schrift

und schreibend
bleibe ich in Dir

LieblingsLiebesbaum

heutiges
sonntägliches
Glockengeläut'
säumt die Apfelwiesen
meiner Kindheit
hinter dem
Haus

lässt
meine
Worte
Dir in
den
Schoß
fallen

wurzeln bei Dir
Frucht bringen
Nahrung des Sommers
für den Winter

die Stimmen
aller Vögel
wiegen mich

wartend
dass auch
ich singe

gehörsam

mein Herz
spricht und
schreibt mir vor
was ich zu tun habe

und ich tue es

darf leben

in der einzig wahren

Sprache und Schrift
sie ist grün

der Morgen atmet
sachte ein und
aus um Dich
nicht zu stören

leise und
ganz leicht
Vöglein und Glocken
nebelweiß und
flüstern auch

der Wind
hat sich
ein bischen feucht
gelegt auf jedes
herbstliche Blatt

ewiger Klang

EIN liebender Gesang
erfindet sich stets neu in zwei

schreibt sich durch Dich
schreibt sich durch mich
ins Leben

ent-spricht
verkörpert sich
und macht
uns wesentlich

Dir glaubend

bleibt
meine Seele

im Licht
zwischen uns

welches sich
ergießt in
immer neue
Zeichen

liebenden Grüns

keltisches Gewebe

in die helle
dunkle
Innenseite der Welt
wurzeln wir alle
sind dort
verbunden
halten die Welt
gemeinsam
wachsen zum Himmel
gemeinsam

Vögel im Winter

alle Bilder
fliegen
bereitwillig
mir zu

manche scheu
noch
Bedeutungen
tragend
zu Dir
in mir

nähren ein Wir

Verbindung

der Himmel ist bunt
und sehr weich

legt sich auf meine
Haut durchdringt
meine frierende
Seele

wärmend
selber
gewärmt

geschenkte Zeit

nicht allen
Uhren ist
zu trauen

nur der
einenden
inneren

ihr Pulsschlag
spricht stets
die Wahrheit

fragender Blick

silberweiß
golden
und Blau:
Festtagsgewand
des Himmels

ich schaue
hoch und
bitte ihn
um passende
Kleidung
auch für
mich

Wohnung der Seele

Glück:
alles tun dürfen
in Dir

Zeitzwischenraum

die Seele holt Luft
umarmt Dich wortlos
mit geschlossenen
Augen lauscht Deiner
welche Unnennbares singt

selbst wenn

der Tag
zerteilt in
Aufgaben

mit diesen
abgehakt
erfolgreich
am Ende

das wäre
noch längst
kein Leben

lieber
schweben

mit Tröpfchen
von Eis
von Wasser

mit einem
feinen Geflecht
aus Sonnenlicht
und flüchtigen
Wolkenstreifen

benetzt heute
der zarte
stürmische Wind
meine Haut

stillt darunter
meine empfängliche Seele

Blicke

der Himmel
küsst in Gold
Wolken und Wald

erinnert mich

und ich treffe
dort Dich

Frühlingskörper

dunkle Äste
der Bäume

wie sie sich
am Himmel
abzeichnen

Adern
des Lebens

knospend

darunter
ein Fluss

in braunblättrigem
raschelnden Bett

darunter
wippendes Grün

Ausblick

an der Quelle
ein heller Himmel

leichte
sommerliche Luft

Gräser im Gegenlicht
tragen meine Tränen

die Sonne duftet
nach Dir

Frühlingsspuren

Zeichnungen
auf blauer
Himmelsleinwand:

kleine Blütenkonturen
gelbe Tupfer auf
dunklen Ästen
Weißdornwolkenduft

die Magnolien

erinnern sich schon

Friedensreich

buntes Wasser
und ich lasse mich
tragen

Zeit
ohne Dich
existiert
nicht

alles trägt
Dein Lächeln

gesäumt
von Tag und Nacht / im Süden

glänzend glatter Meeresspiegel

zart rosa
und etwas blau

warme Luft salzig
pinienhaft

warmer Sand
selbstvergessen
in meiner Hand

Blättchen

manchmal wachsen alle Bilder
in mein Leben

vor mir
auf dem Papier

von Dir zu mir
von mir zu Dir

weich wie
frischgeschlüpftes
lippenzartes
Grün

Gefährte der Göttin

Du kehrst
zurück

Frühling
berührst unsere Seelen
mit blütenzarten
Küssen

sie erklingen
vogelfarben

Mai

mein Land
im Festtagsgewand

fahnengleiches
weiches Grün

dazwischen
Sonnenblüten

hingetupft
von leichter Hand

einfach

kein Blut
Wasser

in mir
Dein Meer

mein Fluss
in Dir

strömen

stillen
den Durst
vieler Leben

Frühlingslüfte

die Welt als Bild

die Bilder Welten

deren Türen und
Fenster weit offen
sind und
atmen
tief

den Duft rotblühender Kastanien
in blauem Himmel

dazwischen
grünende Blätter
beschreiben
sich gerade
neu

Hingabe

dem Gewitter
zuhören
dem Fluss
dem Meer

ihnen
Erde sein

rotblühende
Kastanientropfen
beregnen alle Wege

färben dies Papier

ihren Früchten
ist der nächste
Frühling gewiss

Yogini

das Herz der Rose ist golden

ihr Licht entströmt
einer anderen
Welt

entspringt
im tiefen
Wasser
gespiegelter
Sonne

hingegeben
der Göttin
des Meeres
und ihrem
Gefährten

einziger Zeitraum

alle
Momente
fliehen
ziehen
sich zurück
vor mir

entweichen
in den Bruchteil
einer Zeit
mit Dir
die so kurz
und so
unendlich
lang ist

dort
lebe ich

als Gedanke
an Dich
als Wort
von Dir

Garten des Buddha

zeichnend
Zeichen sein

gezeichnet

werden

Wolkennebel

ein weißer
Schleier
auf Grün

der Himmel
ganz tief
umarmt
die Braut

ruht aus
an ihrer
feuchten
vielblättrigen
Seele

Brida

jede Zeile
jeder Buchstabe
ein Brief
eine Welt

ausgesandt
zu sprechen:

ohne Vergessen

kein Erinnern

Wegweiser

ein Buch
erinnert mich

an mich
ans Rauschen
aller Träume
rote Wellen

am Strand
ein Schatten

ich gehe hin
er versinkt

in mir

Familie

die Gegangenen
wiederfinden
in Gegenwärtigen

Zukünftige
wir alle

und wollen
gedichtet

sein

oberbergisches Land und Du

immer
weiter schreibend

immer weiter
schweigend

immer weiter leben

geborgen zwischen
meinen grünen Hügelzeilen

Dank an die D'walar

wir müssen
alle anders leben

und sehe
Euch dann
als Kreis

und als
Mahnung

und fühle
die Erde

sie duftet
und spricht

die Welt

die Welt
taumelt
ist laut

in der Mitte
ist Stille
sind wir

atmen
leise
auf den
Seiten

schreiben
uns
weiter

atmendes Weiß

mein Land ist Dein Buch

schaut mich an
durch Deine Augen

die schönsten Seiten
blättern sich auf

sprechen zu mir

durch Dich

Umschlag

ein fremdes Gesicht
lächelt wie ein Messer

entblößt
mich

vergeblich
blättere
ich um

plötzlich
gewusst

das Spiel
ist wirklich
wahr

der Traum
denn er
ist schön

das Leben
nur Kulisse

hörbare Liebe

als würde
der Regen
erst alles
hinwegwaschen

dann alles
hineinwaschen
in mich

leise weiche
Tropfen
unaufhörliche

laute kleine
Küsse

mein
Herzensraum
ist ein
Seeufer

ist eine
Apfelwiese

abends

ich möchte
Stille sein

in die hinein Du
Deine Worte sprichst

Dich bergen

Liebesgrüße
von Hundertwasser und Monet

die unendliche Linie

ist

ein grüner Seerosenstängel

blauer Saum einer Wolke
am Morgen

rotes unendliches Gedicht

geflügeltes Leben

eine Feder
nehme ich
zum Vorbild

gerade weil
sie leicht ist

wird sie
getragen

und trägt

Federführung

mein Stift
nimmt mein Herz
an die Hand

macht es
sehend

Nachhauseweg

die erste Frühlingsblütenluft
hat sich verliebt
in den letzen kalten Wind

ist einfach mit ihm
davongeflogen

ihre wehenden Zweige
streifen mich

gesegnet

kalt und
glatt heute
der Tag

ich gleite
ab an allem

scharfkantig
die Grenze
zwischen
innen und
außen

ich komme
nicht drüber

da heißt es
zwangsweise
leben oder
gar nicht

Botschaft

der Bewegung
meines Stifts
vertrauen

selbst wenn
ich nicht
sehe, wer
ihn hält

und auch
die Schrift
vorerst nicht
lesen kann

wilder Mai

das heftige
Grün scheint
von meinen
Tränen genährt

sie fließen
reichlich

alles wächst
mir entgegen

für den neuen Mai

der Rosenstrauch
hat Dornen auch

wie Du wie ich

und blüht
doch wunderbar

in unserm
Frühlingslicht

im Garten

Deine Lippen
sind wie Blüten

Deine Worte
summen
über ihnen

ab und zu
setzt sich eins
zu mir

Sommerzeit

heute fällt
nichts in
mich ein

die Worte
sind leicht

rascheln
ein wenig

ruhen

im Grün
vor meiner Tür

vertrauen

dass auch
nicht eines jener kleinen
Blütenblätter verloren geht

welche mir zu Füßen liegen

den Rinnstein weiß färben

Konfetti des
nahenden
Sommers

sie alle
werden
beschrieben
werden

Jokhang

alle Leben
in diesem

Drachen fliegen

wachen über
den Tempeln

Seekindgaben

schwimmend in
Sommerfreuden

im großen
glänzenden Rhein

in seinen Städten
in seinen Wiesen

im weißen
Pappelflaum

tauche ich
dann auf

mit allem

bei Dir

Imperativ

alle Vögel zugleich
haben heute morgen gesungen

so als müssten
alle Wünsche auf einmal
in Erfüllung gehen!

Gärtchen

ich brauche
den Stift
auch manchmal

um etwas
durchzustreichen

so wird Raum

und ich
duchlässig

Zeit der Zaubernüsse

manchmal
weiß ich
nur den
Titel

meines
Lebens

weiß aber
es ist gut

denn Du
kehrst zurück

„Joyful Yoga"

das Märchen
vom Froschkönig
ist keines
das von
Schneewittchen
auch nicht

„kiss your Life!"

sondern der Weg

die ganze Welt

ist bei mir
auf dem Papier

alles hier
sieht schön aus

und ich weiß
jetzt wie es ist

wenn Du da bist

Tanz der Zeichen

drei Tage
kein Gedicht
geschrieben

und doch
gedichtet

und geschrieben
worden

im Dunkeln
perlt ein kleiner Gesang

enthält
den ganzen großen Sommer

alle Liebesgedichte
betrachten mich nun
mit anderen Augen

entfließen
meinem Stift

betasten mich

vorsichtig und stürmisch
zugleich

Identität

ich gehe davon aus

dass es immer einen Weg gibt

sobald wir die Zeichen

richtig deuten

dieser Tag
hat sich
gelöst
von jeglicher
Planung

und mich
geführt

Entscheidung

die Glocken läuten leise heute
der erste Schnee ist schon gefallen

ich bleibe

leise die Flugzeuge
und wie sie bezeugen

dass auch der Himmel

noch da ist

Phoenix

ich werfe
mich selbst
ins Feuer

wie sonst

sollten
Licht und Wärme
entstehen?

Sonntagsfrieden

Vögel und
Kirchenglocken
durchdringen
den Nebel

wenn ich
auch nicht
genau sagen
kann wer Du
eigentlich bist

von mir
weiß ich es

das Unsichtbare
hat sich mir zugeneigt

pulsiert

verdichtet sich
zur Schrift

durchdringt uns

und die Welt

hält

die Seiten schreiben
Dich und mich das
unendliche Gedicht

findet sich

die unendliche
Linie ist grün

Gegenwart

die ganze Welt

ist mir Dein Zeichen

für immer und jetzt

schön und gut und wahr

„one"

einfach
weiter
schreiben

einfach
weiter
singen

einfach

weiter

Lebenslinie

grüne Seiten

sie enthalten
den roten Faden

leise rascheln
ihre Blätter

ihre Blüten
hüllen mich ein

machen mich

unverwundbar

Balkonwunder

grüne Seiten
Blätter rauschen
Regen rinnt

der scheue Sänger
hat wiederum

sein Nest in
mir gebaut

Sommerliebe

im Grünen
Dir zuströmen

als feuchte Luft
Deine Haut berühren

in Dir fließen

von aller Form

gelöst

versuchte
Hervorrufung

ob Du wohl
noch Du bist

wenn ich Dich
das nächste Mal sehe

ob Du Du
jemals
gewesen bist

ob ich Dich
jemals
gesehen habe

Du und Ich
sind hinderlich

Wechselwirkung

alles möchte
ich neu machen

alles möchte
mich neu machen

tropfnass

mein Leben
umarmt mich
in Deinem Namen

heute mit
ganz vielen
Regenküssen

Nest

alles ist gut

also bist Du doch da

Herbstschwere

die Schönheit
der Welt
fällt

alle Blätter
aller Bäume

innerhalb
eines Morgens

spurlos jedoch
nicht

in mir
berge ich
sie alle

für Dich

Apfelkindheit

die frühe Welt
des Sees ist
mehr als ihre
schönen Bilder

ist eine Blüte

welche immer duftet

Erlösung

in den
vorweihnachtlichen
Läden habe ich
nichts mehr
gefunden

was passend
gewesen wäre

stattdessen
in mir

alles

Wandlung

dort im Sommer

wurden von mir
immer Apfelblüten
fotografiert

heute entlocke ich damit
den strengen Bauern
ein Lächeln

bin nun ein glückliches Kind

das Leben ist
ein Weihnachtsgeschenk

mit dem ich
behutsam umgehe

das mit mir
behutsam umgeht

und lieb ist

seit es Dich gibt

abendlicher Wald

wohltuend
kühler Nebel
an den Hängen

grüner Duft
Regenwald
voller Geheimnisse

die jedoch
gelassen daliegen
ihrer rechtzeitigen
Entdeckung
gewiss

die Stimme des Donners
das Leuchten der Wolken
die Farben der Blätter
die liebende Sonne
das Glitzern des Wassers
Regenrauschen
die Vögel als Lehrer

am Abend
fröhliche Vögel
flatternd im Geäst
ihre Stimmen klar
und bunt

offener Himmel
blitzende Sonne
ein Wolkenmann
streckt mir
seine Arme entgegen

Feierlichkeiten
zum längsten Tag

Sommer in
vollem Ornat
kraftstrotzend
die Kathedrale der Bäume
Grün in allen
Schattierungen
zieht mich
zu sich

Ausblick

ein Wolkensaum voll Hoffnung
weiß über Baumgrün
noch höher das Blau des Himmels

verheißungsvoll
klar und frisch
Nahrung des Dichters
Leichtigkeit
jenseits

froh tragen
kleine Blätter
den Abglanz des Himmels
zu mir

hoch oben
die Wolke in Weiß und Gold
wie ein Zuhause

geschrieben
in mir

schreibend
in Dir

sind wir
geblieben

bleiben wir

Und was gibt es von der Autorin zu sagen, was nicht in den Gedichten steht?

dort ist auch alles Wesentliche:

 geboren 1964 im westfälischen Warburg, aufgewachsen mit einer Apfelwiese hinter dem Haus in Tettnang nahe des Bodensees.
Als Schülerin schreibt und fotografiert sie für die "Schwäbische Zeitung". In Tübingen studiert sie Germanistik und Romanistik.

Dabei fehlen ihr vor lauter Theorie irgendwann die Menschen, das Leben und sie absolviert eine Ausbildung in der Gastronomie. Als ein Gast ihr sagt: „Mädle, Du kommsch' von dr Alb ra!", fühlt sie sich angekommen und angenommen.

Es folgt eine Zeit großer persönlicher Krisen und sie fängt wieder an zu schreiben. Sie schaut nach innen in einer Zeit äußerer Weglosigkeit. Lernt in seinen Seminaren den mongolischen Dichter und Heiler Galsan Tschinag kennen und arbeitet im Förderverein Mongolei e.V. für sein Baumprojekt.

Die buddhistische Lehre, die Bücher von Galsan Tschinag, die Bilder von Hundertwasser sind immer präsent; ebenso die These von Beuys, dass jeder Mensch durch sein kreatives Handeln zum Wohl der Gemeinschaft beitragen kann.

101

Zusammen mit der oberbergischen Gruppe
Wort.Werk veröffentlicht sie erste Gedichte.

Eine neue Ausbildung und Arbeit als Altenpflegerin
in der Betreuung geben ihrem Leben wieder einen
Sinn. Es beginnt die Zeit politischen Engagements in
der Klimaschutzbewegung und mit den Grünen, als
im Hambacher Wald Natur und Menschen missachtet
werden.

In ihrer Freizeit beschäftigt sich die Autorin
zunehmend mit der Bearbeitung von Wolle und
Stoff. Sie färbt Schafwolle von Hand mit
Pflanzenfarben, macht Arbeiten aus Filz und strebt
eine nachhaltige und naturverträgliche Lebensweise
an. Sie wird Teil eines Gartenprojekts.

Auf Reisen in die Mongolei zum Volk der
Tuwa-Nomaden sieht sie, dass der Mensch zum
Glück nur wenig Besitz benötigt und dass eine gute
mitmenschliche Gemeinschaft und respektvolle
Nähe zur Natur das Wesentliche sind.

Inhaltsverzeichnis

Weitere Gedichte von Christine Scharlipp:

am roten Faden der Worte

das Manuskript ist mein Leben –
mein Leben ist ein Manuskript,
welches sich jeder Tag neu erschreibt.
ich werde immer neu ins Leben zurückgerufen
am roten Faden der Worte

Ein sachlicher Satz zum Inhalt dieses Buches soll
wohl sein: ... während im Januar 2021 draußen
Schnee fällt und alle zuhause bleiben, zeigt sich
dieses Buch mit Gedichten über das Dichten. Wobei
nicht sicher ist, ob ich nicht währenddessen selbst
erst entstehe.
Christine Scharlipp

Taschenbuch, 92 Seiten, 9 Euro
Books on Demand, Norderstedt 2021
ISBN 9-783752-625547